Periodo.
Lo que su hija debe saber

JoAnn Loulan • Bonnie Worthen

PERIODO.

Lo que su hija debe saber

Guía de una joven

●

Ilustrado por
Chris Wold Dyrud y Marcia Quackenbush

BOOK PEDDLERS
Minnetonka, MN

Publisher's Cataloging-in-Publication Data
(Provided by Quality Books, Inc.)
Loulan, JoAnn.
    Period : a girl's guide to menstruation : with
    a parent's guide / JoAnn Loulan, Bonnie Worthen ;
    illustrated by Chris Wold Dyrud & Marcia
    Quackenbush. --Book Peddlers ed., rev. and
    updated.
        p.cm.
        SUMMARY: Discusses the physical and
        psychological changes at the onset of
        menstruation.
        Includes index.
        ISBN: 0-916773-97-3 (hbk.) English
        ISBN: 0-916773-96-5 (pbk.) English
        ISBN: 0-916773-99-X (pbk.) Spanish

        1. Menstruation--Juvenile literature.
        I. Lopez, Bonnie.   II. Dryud, Chris Wold.
        III. Quackenbush, Marcia.   IV. Title.

        QP263.L68 2000   612.6'62
                                  QBI00-461

PERIODO: LO QUE SU HIJA DEBE SABER

Título original en inglés:
PERIOD. A GIRL'S GUIDE

Book Peddlers © 2001, 2003 by JoAnn Loulan y
                                Bonnie Worthen

Ilustraciones: Chris Wold Dyrud y Marcia Quackenbush

Traducido al español por:
Alejandra Medrano

Primera edición en español: 2003

© Panorama Editorial, S.A. de C.V.
   Manuel Ma. Contreras 45-B
   Col. San Rafael 06470 - México, D.F.

Schools, agencies, organizations: contact the publisher directly for quantity discount rates.

BOOK PEDDLERS   US book trade distributor: PGW
15245 Minnetonka Blvd
Minnetonka, MN 5345   ISBN: 0-966773-99-X
952-912-0036 • fax: -0105   *first US Spanish edition 2003*
www.bookpeddlers.com   Printed in the USA

        04 05 06 07 08 09   8 7 6 5 4 3 2

Indice

Introducción

Este libro fue escrito por tres mujeres, JoAnn Gardener-Loulan, Bonnie Lopez-Worthen y Marcia Quackenbush, en 1979 y está dirigido a las niñas que están creciendo. Las autoras pensaron que sería importante contar con un libro que explicara algunos de los cambios por los que pasan todas las niñas. Hablaron de toda clase de cosas mientras escribían este libro, e incluyeron muchas de las experiencias de sus amigas. Así, lo que dicen, sigue siendo cierto hasta la fecha. Nuestras preguntas y preocupaciones son muy parecidas en el presente.

Esta es una oportunidad para que aprendamos las unas de las otras.

1

Tantos cambios

Las revistas, los folletos, la televisión y las películas muestran a jóvenes y mujeres que son altas y delgadas, tienen rostros sin granitos, nunca usan lentes y parecen no tener ningún problema importante. En realidad, no son muchas las personas que son así, pero cuando vemos tantas mujeres de ese estilo, esto nos puede hacer sentir que, de alguna manera, nuestro cuerpo, rostro o cabello simplemente no están del todo bien.

Vivimos en un mundo loco y enredado, porque muchas niñas y mujeres piensan que alguna otra persona tiene el cabello más largo o los pies más pequeños, la sonrisa más agradable o los ojos más bellos. No fuimos creados para ser iguales o parecernos a nadie. Lo que tenemos en común la mayoría de las personas es que poseemos cuerpos que pueden hacer muchas cosas maravillosas y diferentes, sin importar de qué color, tamaño o forma seamos.

Podemos caminar, leer, cantar o tomar baños de burbujas; podemos probar comidas deliciosas, lanzar balones, escuchar a los pajaritos piando, bailar, correr, pensar o reír. En ocasiones, los cuerpos nos pueden hacer sentir ¡*taaaaaaaaaaaaaaan ... bien!*

Una de las razones por las cuales todos tenemos cuerpos diferentes es debido a nuestros padres. Ellos nos han transmitido a nosotros algunas cosas de sus cuerpos, tales como el color de nuestros ojos, cabello y piel, o la estatura. Tal vez

tengas el color de cabello de tu madre y los ojos de tu padre.

En ocasiones pensamos que no podremos ser felices si no parecemos a nuestra estrella de cine favorita o a nuestra amiga, o a nuestra tía. Es muy importante que te sientas cómoda contigo misma. Aprender amar a tu propia cualidad de persona especial y única, es una parte importante de crecer.

Algunos de nosotros tenemos cuerpos que están discapacitados. Esto significa que alguna parte del mismo no se puede mover (está *paralizada*) o se mueve incontrolablemente (es *espástica*). A lo mejor somos ciegos o sordos, o tenemos una pierna o un brazo que no nos creció tanto como el otro. O una parte de nuestro cuerpo tuvo que ser eliminada (*amputada*) debido a que había algo de malo en ella. Muchas personas tienen esos tipos de cuerpos y es importante que todos aprendamos a apreciar las cosas maravillosas que pueden hacer nuestros cuerpos por nosotros. Las personas discapacitadas pueden hacer cosas que no les resulta posible hacer a las personas con "cuerpos capacitados". Los individuos con "cuerpos capacitados" pueden hacer cosas que a los discapacitados no les resulta posible hacer. Esto no significa que un individuo sea mejor que otro, simplemente quiere decir que somos diferentes.

Desde tu nacimiento, tu cuerpo ha estado cambiando y creciendo. Cuando cumples diez, doce o catorce años de edad, comienzan a tener lugar cambios más obvios. Tal vez te empiecen a salir granitos y el bello de debajo de tus brazos o en tus piernas sea más fácil de ver. Algunas personas comienzan a sudar (*transpirar*), y el sudor puede oler diferente a medida que creces. Tus caderas se ensanchan, de hecho tu cuerpo comienza a cambiar de forma y tus senos empiezan a crecer. Y no siempre ambos senos crecen a la misma velocidad al principio. Esto es bastante común.

El área alrededor de tu pezón, llamada *aréola*, se levanta un poco y puede cambiar de color. Tal vez comiences a aumentar

de estatura a esta edad. También es probable que te comience a crecer bello en la parte que está más abajo del ombligo, cerca de tus piernas. Este se llama vello *púbico*.

Parece que de repente te presentas a todas partes con un cuerpo nuevo, y tal vez sea necesario que te acostumbres a él. A lo mejor eres la primera en tu escuela en tener busto, o tal vez seas la última en subir de peso y empezar a verte mayor. Quizá tus padres o hermanas y hermanos mayores te hagan bromas y te sientas incómoda. Los niños, u otras niñas, podrían burlarse de tu brasier nuevo. A lo mejor no lo crees, pero algunas de nosotras nos sentimos cómodas con estos cambios.

¿Puedes pensar en tres cosas que realmente te agraden de tu cuerpo? ¿Te gusta el color o la suavidad de tu piel? ¿Y qué te parecen tus piernas o tus manos? ¿Y tu sonrisa? Realmente eres una persona especial y, cuanto más te des cuenta de eso, mejor te sentirás respecto a ti misma.

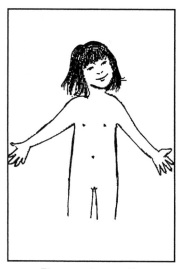

El cuerpo de una niña

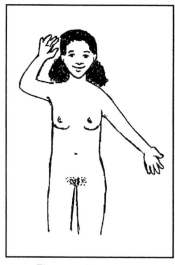

El cuerpo de una joven

"Yo estaba segura de ser diferente."

"*Cuando estaba creciendo, solía atormentarme a mí misma porque no tenía cintura. Todas las niñas que veía en la escuela o en la calle tenían delgadas cinturas... todas menos yo. Así que hacía dietas y no me permitía comer ninguna de las cosas que comían todos los demás. ¿Sabes lo que sucedió? ¡Bajé de peso, pero seguí sin tener cintura! Entonces, finalmente comprendí que tenía un cierto tipo de cuerpo y que sin importar lo que comiese, pasaría de mis costillas a mis caderas en línea recta. Me siento mucho mejor respecto a mi cuerpo con el sólo hecho de saber que todos tenemos un cuerpo diferente.*"

"*Yo solía detestar el bello sobre mi labio superior. Mi cabello es negro así que realmente se nota. Luego conocí a una niña en la escuela que era igual a mí, y la observaba cuando los niños la molestaban. ¡Realmente me sorprendía porque a ella no parecía importarle en lo más mínimo! Fue entonces cuando dejé de preocuparme.*"

"*Cuando me estaba creciendo el vello púbico, pensé que me sucedía algo malo, así que comencé a quitármelo con unas pinzas. Me di cuenta de que era normal, cuando simplemente me resultó imposible quitármelo con la suficiente rapidez. ¡Pero sí que me asusté mucho al principio!*"

2

Tantas partes

Algunos de los cambios por los que pasa tu cuerpo a medida que crece son fáciles de ver, pero otros tienen lugar en el interior de tu cuerpo. Aun cuando generalmente no ves estos cambios, éstos afectan tu vida y la manera en la cual te ves.

En este libro hay varios diagramas que nos ayudarán a explicar las cosas, pero recuerda que cada mujer es diferente y en realidad ninguno de los diagramas será exactamente como tú o como ninguna otra persona. Estos pueden darte una idea de las formas y del lugar en el que están las cosas.

Hay bastantes órganos en nuestro interior. Una manera de observarlos es a través de un diagrama de corte. Este es un diagrama de corte de una manzana.

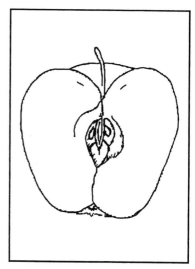

Los órganos internos de los que estamos hablando sólo los tienen las niñas y las mujeres.

El cuerpo de una niña es diferente al de una mujer, pero es difícil saber en qué momento una niña se convierte en mujer. Desde el momento en el que nacemos, se inician en nuestros cuerpos el tipo de cambios de los que habla este libro. En una niña, los órganos internos (aquellos que están adentro nuestro) se parecen a los del siguiente diagrama.

Este muestra el tamaño del útero de una niña de doce años de edad.

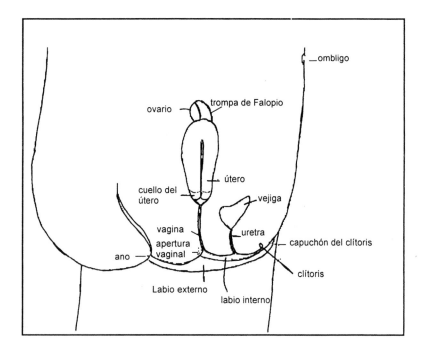

El útero es un órgano interesante. Parecería tener que ser muy grande, ya que tal vez un bebé deba caber en su interior algún día. Pero en realidad no es para nada grande. Tiene el tamaño aproximado de tu puño. Cuando una mujer se embaraza, el útero crece en tamaño junto con el bebé y, una vez que nace éste, se vuelve a hacer pequeño.

El siguiente es un diagrama de una mujer de veinticinco años de edad.

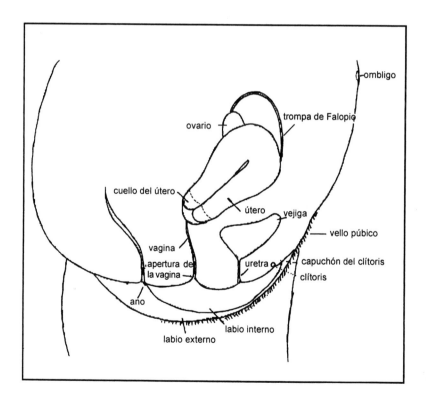

La vagina es otro órgano que parecería tener que ser más grande, porque el bebé tiene que viajar por la misma para nacer. Pero durante el nacimiento, la vagina se estira, luego recupera su tamaño normal de la misma manera en la cual lo hace el útero. Los lados de la vagina llamados paredes vaginales, por lo general están muy juntas, tocándose como un globo sin inflar.

La siguiente es una lista de estos órganos, cómo se llaman y por qué los tenemos:

El *útero* es donde el huevo se convierte en bebé cuando la mujer se embaraza.

La *vagina* es el pasaje que va del útero a la parte externa del cuerpo.

La *apertura vaginal* es la apertura que lleva a la vagina.

El *himen* es una piel delgada que rodea a la apertura de la vagina.

El *cuello del útero* protege los delicados tejidos del útero. Tiene una apertura que conecta a la vagina con el útero. La apertura del cuello del útero tiene el tamaño aproximado de un espagueti.

Los *ovarios* son los órganos que contienen los óvulos o huevos. Cada huevo se llama óvulo. El diagrama de corte muestra sólo el ovario, pero en la parte frontal del diagrama se pueden ver ambas cosas. Los ovarios contienen muchos óvulos, más de los necesarios o de los que serán utilizados. Cuando nace una nueva bebé, todos esos óvulos ya están dentro de sus pequeños ovarios. Estos últimos son esponjosos y los huevos permanecen guardados en pequeñas bolsitas y dobleces. Un huevo sólo tiene el tamaño de la punta de una aguja.

Todos los meses, un óvulo viaja desde el ovario al útero. Atraviesa las *trompas de Falopio*. (*Esto se explica con más detalle en el siguiente capítulo.*) Cada trompa de Falopio tiene una longitud de aproximadamente cuatro pulgadas y no tiene un diámetro mayor que un trozo de hilo. Estos tubos están forrados de pequeños cabellos muy finitos. Si vieras el interior de uno de ellos con un microscopio, parecería ser un suave terciopelo.

La *uretra* es la apertura por la cual sale la orina del cuerpo.

La *vejiga* es donde tu cuerpo almacena la orina hasta que vas al baño.

El *ano* es la apertura por la cual pasan las heces.

Los *labios internos* son los dobleces de piel que rodean a la uretra y a la apertura vaginal. Los *labios externos* son almohadillas de piel que protegen a los muy delicados tejidos de esta área. A medida que te desarrollas, crece bello en los labios externos. Esto añade protección a la zona y se llama *vello púbico*.

El *clitoris* es un pequeño relieve de piel. Es muy sensible porque contiene muchas terminaciones nerviosas. Debido a ello, hay una cubierta que lo proteje. Esta se llama *capuchón*.

Genitales es un término que se refiere a toda el área de la que hemos hablado. Los labios internos y externos, clítoris, uretra, apertura vaginal y ano, forman el área genital.

Aun cuando algunos de nuestros genitales se encuentran en el exterior de nuestro cuerpo, no los vemos muy a menudo. Al igual que la mayoría de las partes de nuestros cuerpos, los genitales también cambian a medida crecemos, pero a menudo no nos damos cuenta. Rara vez observamos nuestros genitales porque están cubiertos. Cuando eres pequeña, parece como si no tuvieses labios internos. Son muy pequeños. Cuando creces, tus labios internos se hacen más grandes, pero cuánto crecen es diferente en cada una de nosotras.

Al igual que la sonrisa o el color del cabello de cada quien, los genitales de todas son un poquito diferentes. Así que, como quiera que seas, esa es exactamente la manera de la que debes ser.

Podría ayudar pensar en flores o conchas marinas; no hay dos flores que sean exactamente iguales, aun cuando ambas sean de la misma clase.

jacinto

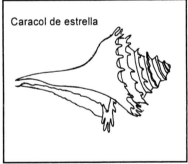

Caracol de estrella

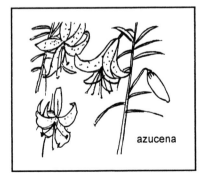

azucena

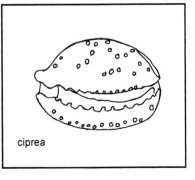

ciprea

3

Menstruación

Una de las cosas que suceden cuando una niña crece es que comenzará a *menstruar*. ¿Qué es exactamente esta cosa misteriosa llamada *menstruación*?

En cierto momento de tu vida, tal vez cuando tengas diez, o doce, o quince años de edad, las *hormonas* de tu cuerpo se volverán muy activas. Las hormonas son químicos que elabora tu cuerpo. Estas hormonas, a su propia manera especial, comienzan a decirle a tu cuerpo que esté alerta, que preste atención y comience a hacer cosas que nunca antes ha hecho. Hay cientos y cientos de estos mensajes. En este capítulo se mencionarán sólo algunos de ellos. Sería confuso tratar de explicar todos ellos.

Una de las primeras cosas que sucede es que un huevo se abre camino saliendo de uno de tus ovarios. (Recuerda que este huevo no será más grande que la punta de una aguja.) Este pequeño huevo que flota quiere salir del ovario y llegar al útero. Eso parece algo difícil de hacer, especialmente dado que el huevo no tiene alas con las cuales volar, ni ruedas con qué rodar. Pero cada trompa de Falopio tiene unos pelitos muy, pero muy, pequeñitos en su extremo, casi como dedos. Estos ondean de una manera parecida a la de las olas del océano, tratando de ayudar a bajar al huevo que se encuentra en el interior del tubo. Cuando esto sucede, el huevo viaja a través de la trompa de Falopio hasta llegar al útero.

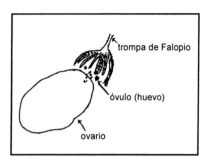

trompa de Falopio

óvulo (huevo)

ovario

pequeños pelitos en el extremo de la trompa de Falopio

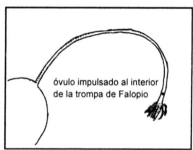

óvulo impulsado al interior de la trompa de Falopio

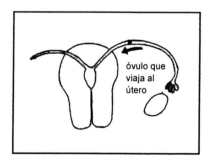

óvulo que viaja al útero

Al mismo tiempo que sucede esto, tu útero comienza a elaborar una cubierta de tejido nuevo y sano y de sangre. (Puedes imaginar qué es esa "cubierta" si piensas en el papel tapiz sobre las paredes de una casa.) Cuando el huevo llega al útero, la cubierta del útero está completa y es abundante y suave. Si el huevo se va a quedar por un tiempo y a convertirse en un bebé, este recubrimiento hará que su estancia sea saludable y cómoda. Pero, en la mayoría de las ocasiones, el huevo solamente se queda un ratito y luego sigue su camino. Si el huevo no va a quedarse en el útero, éste no necesita toda esa cubierta, entonces ésta, hecha de sangre y pequeños trocitos de tejido, se disuelve. Pasa a través de la pequeña apertura del cuello del útero y gotea a través de la vagina, saliendo por la apertura vaginal. Alrededor de un mes después de que el huevo sale de uno de los ovarios, otro hace lo mismo y el ciclo vuelve a comenzar. De esto se trata la menstruación.

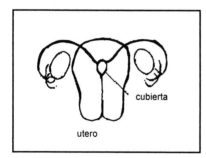

cubierta

utero

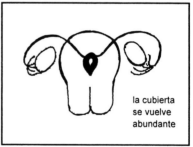

la cubierta se vuelve abundante

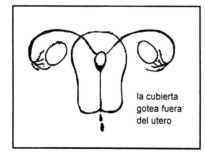

la cubierta gotea fuera del utero

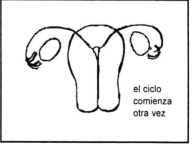

el ciclo comienza otra vez

Parecería que todo esto no tendría que tardar demasiado tiempo, porque todo está funcionando continuamente. Sin embargo, de hecho, todo el ciclo menstrual requiere de alrededor de un mes. La parte en la que tu útero está goteando sangre y cubierta podría tardar entre dos y ocho días. Es diferente para cada niña y mujer. Una vez que hayas iniciado tu ciclo menstrual, el goteo mensual de sangre probablemente continuará hasta que tengas cuarenta o cincuenta años. Es entonces cuando esas hormonas comenzarán a enviar mensajes diferentes y tu cuerpo dejará de menstruar. Ese periodo en la vida de la mujer se llama *menopausia*.

Otra cosa que les sucede a muchas niñas es que otra clase de fluido sale de su vagina, antes de tener su primer periodo. Esto se llama descarga o flujo vaginal. Probablemente lo notarás en tu pantaleta. Podría ser claro, ligero y acuoso. Podría ser pegajoso y amarillo, o blanquecino. Este fluido o mucus podría tener un olor leve, o ser inodoro. Esto es normal y saludable. Tal vez notes que sucede más de una vez antes de tu primera menstruación, y puede ocurrir justo antes de cada ciclo una vez que comiences a menstruar.

Si la descarga vaginal es de color oscuro (café o verde) y el olor es muy fuerte, sientes comezón o ardor en tu vagina, o alrededor de los labios externos, deberás hablar con un adulto y ver a un médico. Podrías tener una infección leve.

4

¿Toallas o tampones?

Hasta principios de los 90s, las niñas y las mujeres colocaban trozos doblados de tela dentro de sus pantaletas, para absorber su sangre menstrual. En la actualidad tenemos tantos productos menstruales entre los que escoger, que es casi difícil decidir cuál es mejor usar. Será más sencillo elegir un producto si sabes cómo es cada uno y cómo se usa.

El término general para describir a estos productos es *higiene femenina*, o productos íntimos femeninos. Hay dos tipos principales de productos: las toallas sanitarias, que absorben el flujo menstrual fuera de tu cuerpo, o los tampones que absorben el flujo menstrual dentro de tu cuerpo.

Toallas sanitarias

La toalla sanitaria, desarrollada por primera vez en los 20s, viene en muchas formas y tamaños diferentes. Las toallas están hechas de un material absorbente con un fondo impermeable, para evitar que tu flujo menstrual manche tus pantaletas y ropa.

Las toallas solían ser mantenidas en su lugar por un pequeño cinturón elástico, llamado cinturón sanitario.

El cinturón se veía así:

La toalla era asegurada al cinturón así:

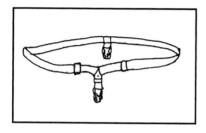

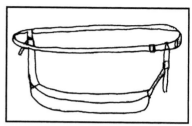

Es probable que tu madre haya usado un cinturón sanitario. Ciertamente tu abuela lo debe haber hecho. Pregúntales.

En la actualidad, las toallas se fabrican de manera tal que los cinturones no sean necesarios. Tienen una tira adhesiva que las mantiene en su lugar sobre tu pantaleta. Un lado de la toalla toca tu cuerpo y el otro tu ropa interior. Retiras una tira de papel que deja al descubierto el adhesivo y pegas éste a tu pantaleta. Cuando llega el momento de cambiarlo se despega fácilmente.

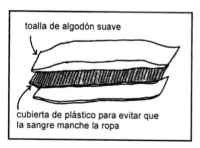

toalla de algodón suave

cubierta de plástico para evitar que la sangre manche la ropa

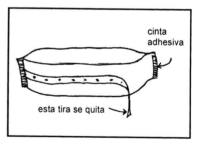

cinta adhesiva

esta tira se quita

Las toallas vienen en muchos grosores y formas, para que puedas elegir los estilos o tipos que te resulten cómodos, y sean los adecuados para tu flujo menstrual. Las más gruesas y absorbentes (los nombres varían de maxi a súper absorbentes) a menudo se utilizan en el primero, segundo y tercer día de tu periodo. Es común cambiar a un estilo más delgado (pantiprotectores) los últimos días, cuando tu flujo está terminando. Algunos estilos vienen con "alas en los costados" para evitar las filtraciones a tu ropa.

La próxima vez que vayas a un supermercado o farmacia, comienza a revisar los múltiples paquetes. Empezarás a tener una idea de lo que te podría agradar usar. Escoge un paquete diferente cada vez que vayas a la tienda y lee lo que dice. Aun cuando todavía no tengas tu periodo, aunque algunas de tus amigas lo tengan, comprenderás de qué están hablando.

Es cierto que para la mayoría de las niñas, la toalla se siente rara al principio. Pero éstas están muy cerca de tu cuerpo y en realidad no se notan. Si no te resulta cómoda una toalla grande, prueba una más pequeña. (Acomodar la toalla en el mejor lugar para ti requerirá de un poco de experimentación, pero con práctica lo lograrás.)

"La primera vez que usé una toalla, la sentía inmensa y abultada. Estaba segura de que todos se daban cuenta de que tenía mi periodo. Quedé sorprendida cuando me vi en el espejo y me di cuenta de que la toalla no se notaba para nada."

Las toallas deben cambiarse al menos dos veces al día, más a menudo cuando tu flujo menstrual sea abundante.

NINGUNA TOALLA SE DESECHA POR EL EXCUSADO, por lo que deben ser eliminadas de una manera que sea cómoda para ti y que no moleste u ofenda a nadie más. La manera más común de hacer esto es doblarla a la mitad y volverla a meter en el envoltorio vacío, o envolverla en papel de baño. Luego se desecha en el bote de la basura. En los baños públicos probablemente veas un pequeño contenedor con tapa colocado para ese fin.

Tal vez desees probarte una toalla antes de tener tu primer periodo. De esta manera, podrás averiguar cómo ponértela y qué se siente al usarla. Al principio podría resultarte incómoda o sentirse rara, pero planear por adelantado podría aclarar las confusiones ahora, en lugar de durante el primer día de tu periodo.

Experimenta. Si usas una toalla que se sienta abultada e incómoda, prueba con una mini-toalla. Estas últimas son más pequeñas y podrían ser mejores para ti. *Tú* decides qué es mejor para tu cuerpo.

Tampones

Los tampones son otro producto utilizado para absorber el flujo menstrual, antes de que salga de tu cuerpo. No detienen el flujo menstrual, lo absorben. Están hechos de un material suave prensado en esta clase de forma:

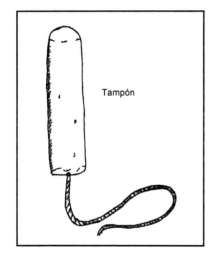

Tampón

En el extremo del tampón hay un hilo. Los tampones se colocan dentro de la vagina y el hilo sale por la apertura vaginal. Cuando quieres retirarlo, jalas suavemente del hilo y el tampón sale de inmediato.

Los tampones, como las toallas, vienen en diferentes tamaños. Hay tamaño junior (*pequeños*), regulares (*medianos*), súper (*grandes*) y extra grandes. La primera vez que te pruebes un tampón, probablemente te será más fácil si utilizas uno pequeño (*delgado o junior*). Para empezar, es mejor probar con un tampón con aplicador de punta redonda.

Algunos tampones vienen con un aplicador que ayuda a guiar al tampón hacia el interior de la vagina. Este se tira una vez que el tampón está en su lugar. Hay aplicadores de cartón, de plástico y de palito.

Algunos tampones no tienen aplicador. Utilizas tu dedo para guiarlo al interior de la vagina. Un buen hábito que debes adquirir es el de lavarte las manos antes de insertar un nuevo tampón. Por supuesto, también te lavarás las manos después, ya sea que uses un tampón o una toalla.

Y sí, las vírgenes, o las niñas que nunca han estado activas sexualmente pueden usar tampones.

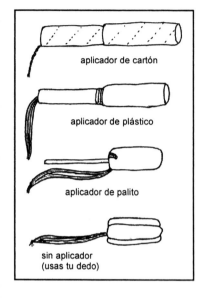

aplicador de cartón

aplicador de plástico

aplicador de palito

sin aplicador
(usas tu dedo)

Si el tampón es colocado de la manera correcta, lo más probable es que no puedas sentirlo para nada, pero la primera vez será confuso.

Todas se sienten extrañas cuando aprenden a usar un tampón. En todas las cajas se incluyen instrucciones para su uso. Asegúrate de leerlas cuidadosamente si no estás segura de cómo usarlo. También puedes hablar con tu madre, o con alguna amiga, que haya usado tampones antes. (*El truco principal es colocarlo en dirección a la columna, no hacia el ombligo.*)

Si usas tampones, es importante cambiarlo al menos cuatro veces al día (cada cuatro o seis horas). Tal vez desees usar tampones durante el día y una toalla sanitaria cuando duermas. Algunas prefieren hacer justamente lo opuesto.

Algunas niñas temen perder el tampón dentro de su vagina. En realidad, éste no se puede perder adentro tuyo –no tiene adónde ir. La apertura hacia el útero es demasiado pequeña para que el tampón entre, y los músculos de la vagina evitan que se salga. Pero en ciertas ocasiones, algunas nos hemos olvidado de quitarnos el último tampón. Asegúrate de recordar remover el último al final de tu periodo.

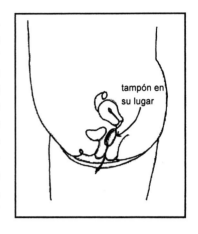

tampón en su lugar

La mayoría de las niñas usan toallas sanitarias cuando comienzan a menstruar. Luego podrías desear probar los tampones. Lo más importante es que te sientas cómoda con tu elección. Cada niña encontrará el producto que sea más adecuado para ella.

La mayoría de los tampones y sus aplicadores pueden desecharse por el excusado. Si el aplicador no es biodegradable (es de plástico, por ejemplo), o si sabes que el excusado que usas tiene problemas y se tapa, entonces deberás tomar el artículo usado, envolverlo en papel de baño y tirarlo. Cada paquete de tampones te dirá si el aplicador es biodegradable o no.

No es necesario cambiarse el tampón cada vez que se va al baño, aunque algunas mujeres lo hacen muy a menudo.

Hay una rara enfermedad llamada Síndrome de Shock Tóxico. No muchas personas se han enfermado de esto. Los síntomas se parecen mucho a un resfrío muy fuerte y se presenta con gran rapidez. Pero lo mayoría de las mujeres y niñas que han tenido esta enfermedad la contrajeron por no cambiarse el tampón con la suficiente frecuencia. A fin de asegurarte de conservar tu buena salud, cámbiate el tampón cada cuatro o seis horas.

Si tienes que ir al médico con un resfriado muy fuerte mientras tienes tu periodo y estás usando tampones, hazle saber a tu médico que lo estás usando para que él revise que no se trate del Síndrome de Shock Tóxico. Las niñas y las mujeres que usan toallas higiénicas durante sus periodos en lugar de tampones no necesitan preocuparse por esta enfermedad.

Otros productos

Existen otros productos que usan algunas mujeres aparte de toallas higiénicas o tampones, porque sienten que son mejores para el medio ambiente o para sus cuerpos. Estos son artículos tales como toallas lavables o receptáculos de protección / recolección. Una vez que tu periodo se haya vuelto regular y te sientas cómoda usando toallas higiénicas o tampones, tal vez desees averiguar más y probar uno de estos métodos. La mayoría estamos cómodas usando toallas y tampones y, dado que están disponibles en todas partes, deberías aprender a usar estos productos primero.

Si alguna vez te encuentras sin toallas higiénicas o tampones cuando comience tu periodo, recuerda que puedes enrollar un poco de papel de baño alrededor de tus dedos entre dos o cinco veces y hacer tu propia toalla sanitaria temporal. Hasta unas toallas desechables de cocina o unas servilletas de papel envueltas en papel de baño pueden funcionar en una emergencia.

Si estás en la escuela y no tienes nada, ve a ver a la enfermera. Ella siempre tendrá algo que ofrecerte.

"*Una vez mi periodo comenzó muy tarde un domingo por la noche y no tenía toallas sanitarias ni tampones. Tomé una toalla pequeña y limpia, la doblé para que me quedara cómoda, y la usé como si fuera una toalla sanitaria. A la mañana siguiente simplemente la enjuagué con agua fría. Funcionó muy bien.*"

5

Tengo una pregunta sobre eso

La menstruación es un gran suceso en nuestras vidas. La manera en la cual nos sintamos depende de lo que nos hayan dicho nuestras madres, amigas, hermanas mayores, abuelas o tías. Si nadie nos habla de la menstruación puede ser muy intrigante.

Los cuerpos pasan por muchos cambios, especialmente durante la adolescencia, y saber qué esperar puede ayudar. Es normal tener preguntas sobre la menstruación. Muchas niñas se preguntan cuántos años tendrán cuando comiéncen a menstruar, o cómo sabrán que su periodo ha comenzado.

Comenzar a menstruar es una experiencia única. Nadie puede decir exactamente cómo será para ti, pero cuanto más sepas sobre la menstruación, más sencillo será.

La menstruación es tan normal para las niñas y las mujeres, como comer o dormir. Es una señal de que estamos cambiando y se inicia en momentos diferentes en cada una de nosotras. Algunas niñas comienzan a menstruar cuando son bastante pequeñas –a lo mejor a los nueve o diez años. Otras no comienzan hasta que tienen dieciséis o diecisiete años de edad.

¿Cuándo puedo esperar tener mi periodo?

Debido a que todos los cuerpos son diferentes, la menstruación comienza en distintos momentos. La mayoría de las niñas comienzan a menstruar a los doce o trece años de edad. Pero podrías comenzar a los nueve o diez, o después, a los quince o dieciséis. No es mejor comenzar a menstruar a una edad o a otra. No significa que haz crecido más si comienzas a menstruar a los diez, o que eres inmadura si recién inicias a los dieciocho. Por lo general, tu cuerpo sabe cuál es momento perfecto para que *tú* comiences a menstruar.

¿Cuánta sangre pierdo?

La cantidad de sangre varía de niña en niña, especialmente durante los primeros dos años de menstruación. Una podría perder tan poca como una cucharada de sangre, o hasta seis en cada ciclo. Tu sangre no sale toda al mismo tiempo. Gotea y sale poco a poco, y un periodo menstrual puede durar de dos a ocho días. La sangre podría ser roja o verse de color café.

Algunas niñas pierden más sangre durante el primer día y menos durante los siguientes. Otras sangran más el segundo día. También podría suceder que parte de la sangre salga coagulada. Eso no es nada preocupante. La manera en la cual menstrúa cada niña es diferente.

¿Qué hago cuando tenga mi primer periodo?

Probablemente lo descubrirás cuando vayas al baño. O podrías sentirte mojada entre las piernas de una manera diferente.

Si lo descubres mientras estás en la escuela, las siguientes son algunas sugerencias:

Lo primero que desearás hacer es pedir permiso para salir de la clase. Haz saber a tu maestra que es importante que salgas del salón. Si llevas bolsa de mano y tienes una toalla sanitaria contigo, todo estará bien. Probablemente habrás practicado antes y ya sabrás cómo usarla.

Si no tienes una toalla sanitaria contigo, tu escuela podría tener una máquina que las venda en el baño de niñas. Averigua cuánto cuestan para que siempre tengas esa cantidad de cambio. Pero. ¿Qué pasa si tu escuela no tiene una máquina o ésta está vacía? Por lo general, en la enfermería tendrán toallas sanitarias para este tipo de situaciones, así que intenta eso. O averigua si alguna amiga tiene una extra. También puedes tener algunas en tu casillero.

Si sólo unas gotitas de sangre han llegado hasta tu ropa interior, probablemente podrás esperar a llegar a casa para lavarla. Enrolla papel de baño alrededor de tus dedos para "fabricar" una toalla sanitaria temporal, o haz lo mismo con algunas toallas de papel. Atar un suéter o chamarra alrededor de tu cintura esconderá cualquier otra mancha.

Si tienes tu primer periodo estando en casa, será una gran sorpresa. Tal vez te despiertes una mañana y te haya bajado, o simplemente lo descubras en una visita rutinaria al cuarto de baño. ¿Sabes dónde guardan sus toallas sanitarias tu mamá o hermana? ¿Hay toallas sanitarias al igual que tampones? Está perfectamente bien llamar a alguien y pedir ayuda. Tu primer periodo probablemente será corto y no demasiado abundante.

Una vez que hayas comenzado a menstruar, tendrás una mejor idea de cuándo comenzará tu periodo todos los meses. Podrás estar preparada llevando una toalla sanitaria contigo, pero si tu periodo te sorprende alguna vez, los pocos pasos que se han mencionado te ayudarán.

También descubrirás maneras de llevar contigo discretamente una toalla sanitaria o tampón, cuando estés esperando tu periodo. Los bolsillos de los suéteres o pantalones se vuelven importantes. Los contenedores pequeños, tales como los estuches de anteojos o una pequeña bolsita para colgarte del hombro podrían funcionar bien para ti.

¿Qué es un ciclo regular?

Tu cuerpo pasa por muchos cambios, especialmente durante la adolescencia, cuando comienzas a menstruar. Podrías descubrir que requieres de varios años para que tu ciclo se equilibre y para acostumbrarte a este proceso nuevo que tiene lugar en tu interior. Esto significa que un mes podrías no tener tu menstruación, hasta podría atrasarse por seis meses al principio. Podrías tener un flujo muy abundante un mes y luego casi nada al siguiente. En unos pocos años, tu cuerpo se acoplará a un ritmo y tu periodo podría bajarte cada entre veintiséis y treinta y dos días, o aproximadamente una vez al mes. Muchos libros dicen que los ciclos menstruales de las mujeres se presentan cada veintiocho días, pero esto es un promedio y no el lapso de tiempo "correcto".

Una buena manera de llevar la cuenta de tu periodo es marcando los días que menstrúas en un calendario. (Observa las páginas 74 y 75). Así tendrás una idea de cuántos días has menstruado, al igual que de cuántos días pasan entre un periodo y el siguiente. Los ciclos menstruales se miden desde el día en que comienza tu periodo hasta el día en que comienza el siguiente. Una vez que comiences a menstruar, si parece que tu ciclo no es regular después de dos años, tal vez desees contárselo a alguien (a tu madre o a alguna otra persona con la cual te sientas cómoda), y visitar al médico.

Aun cuando tu ciclo se regularice, la mayoría de las mujeres notan, con el correr de los años que la manera en la cual sienten su periodo cambia, igual que la naturaleza de su flujo menstrual. También se modifica la manera en la cual sienten sobre menstruar.

¿Y los cólicos?

Las niñas y las mujeres pueden tener cólicos o dolor de vientre cuando menstrúan. Los cólicos pueden doler. Algunas tienen dolores incómodos, mientras que otras apenas si sienten alguna diferencia mientras menstrúan. Los cólicos se presentan cuando tu útero, que es un músculo, se contrae de una manera

similar a la que se tensan (o contraen) los músculos de tu brazo cuando cierras el puño.

Si tienes cólicos, hay varias cosas que puedes hacer y que tal vez te ayuden.

- El calor ayuda a que el músculo se relaje y esto puede ayudar a aliviar los cólicos. Una bolsa de agua caliente o un paño caliente sobre tu estómago podría ayudar. (Pero recuerda, las bolsas de agua caliente y los paños calientes pueden causar quemaduras si se usan por demasiado tiempo o si están a muy alta temperatura. Pregúntale a un adulto antes de utilizarlos, o asegúrate de saber usarlos correctamente.) Un baño caliente también te puede ayudar.

- Los analgésicos que no requieren de prescripción médica (tales como la aspirina y sus demás presentaciones) pueden ser útiles. Pregúntale primero a un adulto y habla de la dosis que tomarás. Si encuentras que estos medicamentos son útiles para ti, hasta podrías desear comenzar a tomarlos antes de tener cólicos y continuar con el medicamento cada seis a ocho horas por al menos dos días. Los estudios sobre el alivio del dolor muestran que empezar a tomar un analgésico, ANTES de que comience el malestar, puede ser más efectivo en vez de esperar hasta que lo "necesites".

- A veces el simple hecho de frotar o masajear tu vientre puede ayudar a que te sientas mejor. Podrías intentar acostarte boca arriba con las rodillas elevadas. Mueve tus rodillas formando un pequeño círculo. Esto también produce una especie de masaje.

- El ejercicio que haces generalmente puede mantener la sangre fluyendo y podría aliviar las molestias con bastante rapidez.

- Dar una lenta caminata puede ayudar a que desaparezcan los cólicos

- O intenta agacharte en la posición de la ilustración de la página siguiente. Se siente bien porque tu útero queda hacia abajo, lo que lo ayuda a relajarse.

- Beber algo caliente, como un té o un chocolate puede ayudar a que te sientas mejor.

- Comer ligero antes de tu periodo puede ayudar. Esto se debe a que en tu cuerpo tus intestinos están acomodados muy cerca del útero. Si has comido, tu intestino grueso se llena y ocupa más lugar. Tu útero se inflama durante el primero, segundo o tercer día de tu periodo, así que ocupa más espacio en el cuerpo. Al comer una dieta ligera, dejas más espacio para el útero y es menos probable que tengas cólicos. Pruébalo alguna vez si tienes muchos cólicos.

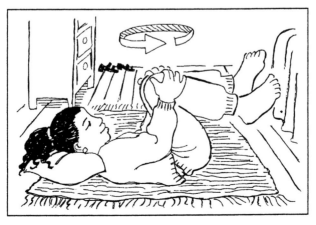

- Quejarte con otras personas podría hacer que te sientas mejor... aunque no es muy probable.

¿Qué es el SPM?

SPM son las siglas del síndrome premenstrual. Cuando tus hormonas preparan a tu útero para eliminar su cubierta, también pueden afectar tu vida emocional, haciendo que te sientas más sensible, tal vez triste o irritada. El SPM afecta más a algunas mujeres que a otras.

¿Qué clase de ejercicio puedo hacer durante mi periodo?

Cuando menstrúas debes hacer lo que sientas que está bien para ti. Algunas de nosotras podemos hacer todo lo que queramos cuando estamos menstruando. Otras no podemos. Dado que todas somos tan diferentes, tenemos que decidir lo que es mejor para nuestro propio cuerpo. Después de todo, nadie conoce mejor a tu cuerpo que tú misma.

Algunas personas dicen que no es buena idea nadar cuando se está menstruando. Nadar no es malo, para nada. El agua fresca puede hacer que dejes de sangrar por un rato y la caliente (como un baño caliente) puede hacer que sangres un poco más profusamente. Nadar está bien si tienes ganas de hacerlo.

Usar un tampón es la única elección si se nada. Por razones de higiene no es apropiado entrar al agua a no ser que estés usando un tampón.

Recuerda, lo que sea que hagas durante tu periodo, ya sea jugar baloncesto, leer un libro o nadar, en realidad depende de cómo te sientas. No hay nada que sea correcto o malo siempre y cuando resulte cómodo para tu cuerpo.

¿No es este un problema oloroso?

Tal vez hayas escuchado decir que cuando tienes tu periodo, tienes un olor que otras personas pueden oler. Debido a que el calor, el aire y los olores flotan hacia arriba, por lo general somos las únicas que podemos oler nuestra propia sangre menstrual (si es que logramos hacerlo). De hecho, tu flujo menstrual no tiene ningún olor hasta que no toma contacto con el aire.

Podrías pensar que hueles y molestas a todos los que se acercan a un metro de distancia, pero eso se debe a que estás demasiado consciente de lo que te pasa, no porque sea cierto.

Mientras laves tu área genital con agua y jabón como siempre (o más a menudo si lo deseas), y te cambies la toalla sanitaria o tampón cuando sea necesario, lo más probable es que no tengas ningún problema con el olor. (Cuando te seques con una toalla, tal vez prefieras secar el área entre tus piernas con papel de baño y no con tu toalla.)

¿Qué es una ducha?

Tal vez veas anuncios en las revistas sobre duchas vaginales y *douches*. Un *douché* es un líquido que se utiliza para lavar la vagina. Los sprays vaginales supuestamente te mantienen "limpia y fresca", pero se ha descubierto que, en algunas mujeres, las duchas causan infecciones o irritaciones. Tu vagina se limpia a sí misma naturalmente (como los ojos). La única razón para usar duchas es si tienes un problema médico y un profesional te sugiere que lo hagas.

¿Y cómo quito las manchas de mi ropa?

Durante tu periodo, tal vez algo de sangre llegue a tu pantaleta. Esto es muy común. Para las manchas de sangre utiliza agua fría para enjuagar la ropa, antes de lavarla con jabón. Realmente funciona muy bien. Luego el agua y el jabón terminarán la tarea.

Otro líquido excelente para eliminar las manchas de sangre es el peróxido de hidrógeno directamente sobre el área manchada. Luego enjuaga y lava como siempre. Debes usar el cloro como último recurso, especialmente con las manchas viejas.

Si sabes que tiendes a manchar tu pantaleta durante los días de mayor flujo, esta es una buena razón para usar pantalones de mezclilla o faldas de colores oscuros durante esos días.

No me gusta hablar de esto

En ocasiones tener nuestro periodo nos hace sentir orgullosas, y en otras nos apena. Las niñas que lo tienen antes que sus amigas se sienten avergonzadas. Las niñas que son últimas en menstruar se sienten avergonzadas. Tú no eres la primera en sentirte así. De hecho, todas nos hemos sentido de la misma manera. Es normal.

Podría ser interesante que trates de averiguar sobre experiencias similares por las que hayan pasado tu madre o amigas cuando comenzaron a menstruar. En ocasiones es consolador hablar con alguien cuando algo nuevo te está sucediendo y sientes como si fueras la única persona en todo el mundo que es diferente. Lo mismo pasa con la menstruación, cuanto más hablamos con la gente, más nos damos cuenta de que nuestras experiencias, sentimientos y pensamientos pueden ser similares.

Me moriría si alguien me ve comprando un paquete de toallas sanitarias

Al principio, ir a una tienda a comprar toallas sanitarias o tampones es extraño o embarazoso. Parece que todos te estuvieran observando, especialmente los niños. Pero, como todo lo que hacemos una y otra vez, no parece tener tanta importancia después de un tiempo. Es una señal de que estás creciendo y no hay nada de lo que debas avergonzarte.

Cómo se han sentido otras

"Crecí en una ciudad pequeña, así que conocía a todos los que trabajaban en la farmacia. Para mí fue terrible tener que comprar toallas sanitarias a personas que conocía, así que siempre le pedía a mi madre que las comprase por mí."

"¡Cuando comencé a menstruar, mi madre les contó a mis hermanos mayores, a mi padre y hasta a los vecinos! Todavía hoy en día me siento un poco apenada cuando menstrúo."

"Un día que tenía cólicos, varios de mis amigos pensaron que me estaba haciendo rogar porque no quise ir a tomar helado con ellos. Me hicieron sentir avergonzada sólo porque estaba tratando de cuidarme. Ahora que pienso en ello, fui tonta, pero sólo por permitir que me hicieran sentir apenada."

"Para mí, tener mi periodo nunca fue la gran cosa. Nunca he tenido cólicos fuertes y la menstruación no me impide hacer nada. Sigo corriendo y trabajando, y haciendo de todo como siempre. En todo caso, creo que tengo un poco más de energía durante mi periodo que durante el resto del tiempo."

"Solía odiar cuando menstruaba. Pero ahora pienso en la menstruación, como en la manera que tiene mi cuerpo de decirme que todo adentro mío está funcionando y que estoy saludable."

6

¿Por qué me siento así?

A medida que crecemos, podemos ver muchos cambios en nuestros cuerpos y, en ocasiones, nuestros sentimientos y emociones también están cambiando. Es natural tener ideas y pensamientos nuevos en diferentes etapas de nuestras vidas, pero dado que no podemos ni verlos ni tocarlos, las emociones pueden confundirnos.

Cuando comiences a menstruar, tal vez descubras que tu periodo afecta la manera en la que sientes. Puede haber diferentes clases de sentimientos que las niñas y las mujeres podrían tener y, como muchas otras cosas, no hay dos personas que sientan exactamente lo mismo.

Hablamos con muchas mujeres y niñas que menstrúan, y les preguntamos cómo se sienten justo antes, durante o después de sus periodos, y lo que sigue es lo que respondieron algunas de ellas:

"Me gusta dar largas caminatas por el bosque o por la playa, especialmente cuando tengo mi periodo."

—Jennifer

"Por lo general, no me importa pasar una noche sola, pero cuando menstrúo me siento muy sola si no hay gente a mi alrededor todo el tiempo."

—Lyn

"Me gusta cuidarme mucho cuando tengo mi periodo. Me visto elegante o compro una nueva bufanda o alguna otra cosa."

—Amy

"Siempre me siento muy fea durante esa parte del mes. Por lo general me salen granitos y eso no me gusta para nada."

—Lisa

"Tengo muy poca energía durante el primer día de mi periodo."

—Emily

"Por las épocas del mes en las que comienza mi periodo tengo muchí-sima energía."

—Dolores

"A veces me puedo enojar mucho por cosas sin importancia. Justo alrededor de los días en que menstrúo me siento muy irritable."

—Yvette

"En ocasiones siento que nadie comprende nada de lo que estoy tratando de decir."

—Gloria

"Si tengo tiempo, siempre me gusta hornear pan cuando tengo mi periodo."

—Esther

"Escribo mejores poemas cuando estoy menstruando."

—Roxane

"Parece que paso mucho tiempo pensando en cosas serias, especialmente cuando estoy menstruando."

—Toni

"Cuando tengo mi periodo siento que soy tan sólo una parte de este gran y excitante mundo. Mi ciclo menstrual me hace sentir una parte de los ciclos del planeta, las estaciones, o el día y la noche. Es agradable."

—Carol

*"Me da hambre de ciertos alimentos uno o dos días antes de mi perio-
do. Tengo verdaderas ansias de comer huevos revueltos o fresas, y
reviso el refrigerador tarde por la noche."*

—Laura

No hay un modo en el que te *tengas* que sentir, o en el que
debas sentirte cuando estás menstruando. Tu periodo podría
no hacer que te sientas para nada diferente. Una vez más, parte de lo que es tan maravilloso sobre nosotras es que, somos
muy diferentes unas de otras en muchas cosas.

7

¿Qué es un examen pélvico?

Un exámen *pélvico*, es un examen en el cual un médico, u otro trabajador médico, revisa los órganos femeninos en el interior y exterior de nuestros cuerpos. En ocasiones se llama examen interno. El *ginecólogo* es un médico especialmente capacitado para cuidar de estas partes femeninas.

Es una buena idea hacerse un examen pélvico cuando cumples los dieciocho años, o si ya eres sexualmente activa, lo que suceda primero. De la misma manera en la cual se hacen visitas regulares al dentista, hacerse un examen pélvico es muy importante. Para cuando seas una mujer adulta, deberás someterte a uno cada año. Siempre es mejor para tu cuerpo que lo revisen regularmente, en lugar de esperar a que se presente una enfermedad. Las revisiones regulares pueden prevenir las enfermedades, ¡y eso es importante!

A lo mejor, en la actualidad sólo visitas al médico una vez año por medio. Hazle saber que ya has comenzado a menstruar. Esta NO será, sin embargo, una razón para someterte a un examen pélvico.

Si estás teniendo problemas menstruales, entonces tal vez tu médico desee que te sometas a un examen pélvico para asegurarse de que no hay motivos de preocupación. ¿Qué se consideran problemas menstruales? Si algo de lo siguiente es normal para ti después de un año o dos de menstruar, díselo a tu médico:

- Dejas de menstruar, o sólo tienes tu periodo de vez en cuando.

- Tienen cólicos increíblemente problemáticos.

- Menstrúas todas las semanas, o cada dos semanas, y tu flujo es muy abundante. Abundante significa empapar una toalla sanitaria regular o maxi cada una o dos horas.

Tu primera visita

Tu primer examen pélvico no tiene que ser una experiencia atemorizante, especialmente si sabes lo que va a suceder antes de llegar al consultorio.

Cuando pides una cita, está bien pedir que te atienda un médico del sexo femenino, si eso es importante para ti. Y hazle saber a la persona que te dé la cita que se trata de tu primer examen pélvico.

En la oficina del médico o clínica, te pedirán que completes un historial médico. Por ejemplo, un médico querrá saber qué enfermedades has tenido tú o hay en tu familia, la extensión de tu periodo menstrual y la fecha de tu última menstruación. Tal vez desees recordarle al médico o a la enfermera nuevamente que éste es tu primer examen pélvico.

Si tu madre o una amiga pueden acompañarte, tal vez esto te haga sentir mejor. Si prefieres que entre contigo a la sala de revisión, llama antes para asegurarte de que tu médico está de acuerdo. Al menos puedes pedir que una mujer profesional se encuentre contigo durante el examen. Probablemente, el médico dirá que está bien pero, de no ser así, y si es importante para ti, tal vez desees encontrar a otro profesional.

Te pedirán que pases a una sala de revisión. Asegúrate de ir al baño antes del examen. Esto hará que todo el proceso sea más cómodo para ti. Una vez que estés en la sala de revisión, una enfermera te pedirá que te desvistas y te dará una bata de papel a fin de que te vistas con ella. También te darán una sábana de papel para que puedas cubrirte mejor.

La enfermera puede explicarte cómo ponerte el vestido de papel. Recuerda, nadie se ve elegante con estos atuendos. Se utilizan porque son desechables, no porque sean bellos.

El examen

Después de que el médico entre en la sala y hable contigo (todo lo que hablen siempre será información privada y no será compartida a no ser que implique un riesgo grave para tu salud), probable te pedirá que te sientes o recuestes en la mesa de revisión. Primero, el médico revisará tus senos. Esto se hace presionando suavemente alrededor de los mismos. Está asegurándose de que no tengas protuberancias anormales o tejidos que puedan ser señales de enfermedad. Tal vez te enseñen a examinarte los senos por ti misma. De no ser así, pregunta cómo se hace. Será necesario que revises tus senos sola todos los meses.

Después de tus senos, el médico revisará el área de tu estómago (*tu abdomen*).

El examen interno

Luego el médico revisará tus genitales y órganos internos. Te pedirá que te recuestes y pongas los pies en algo que se llama "estribos". Una clase está hecha para que tus pies descansen en ellos, la otra es para que la parte trasera de tus rodillas se apoyen en ellos. Tus rodillas y piernas quedarán separadas y abiertas a fin de que el área genital se vea con mayor facilidad.

Para muchas jóvenes y mujeres, esta es la parte más embarazosa del examen. Simplemente no estamos acostumbradas a mostrar una parte tan delicada y privada de nosotras mismas, especialmente a los extraños. Esta parte del examen podría ser más sencilla para ti si acudes a una doctora. Pero no lo olvides, se trate de un hombre o de una mujer, tu médico ha hecho esto miles de veces. Tal vez para ti sea nuevo, pero el médico está acostumbrado a ello y sólo le interesa tu salud.

Papanicolau

Primero, el médico observará tus genitales externos, a fin de ver que todo esté saludable. Luego revisará tus órganos internos. Para hacerlo utilizará un *espéculo*. El espéculo puede ser de metal o de plástico.

Por lo general se inserta en tu vagina a fin de mantener las paredes vaginales separadas, para que el médico pueda ver adentro. Sentirás la presión. Puede ser un poco incómodo, pero no resultará doloroso. Respirar lenta y profundamente en este momento puede ayudar a que te relajes, lo que a su vez ayudará a que se relajen tus músculos vaginales, haciendo que todo el proceso sea más sencillo.

espéculo

Luego se toma algo llamado frotis. Se tocará suavemente tu cuello uterino con un isopo de algodón a través del espéculo a fin de tomar una muestra de las células cervicales. Probablemente no sentirás esto para nada. Estas células se pondrán sobre un vidrio porta-muestras y serán enviadas al laboratorio. El Papanicolau es un análisis que sirve para asegurarse de que las células del cuello del útero están creciendo normalmente. Luego te quitarán el espéculo.

Después, el médico, utilizando un par de finos guantes de látex, aplicará un gel resbaloso especial a sus dedos. Uno de ellos será insertado en tu vagina y la otra mano presionará tu estómago. Esta es la mejor manera de saber si tu útero, cuello del útero, ovarios y trompas de Falopio están normales y saludables.

Todo este examen no tomará más de cinco minutos.

Tu compañero en la salud

Lo más importante debes que recordar sobre la ginecología es que se debe revisar cualquier cosa que parezca rara. Si has sentido algo diferente en tu zona genital, como ardor o comezón, o has visto alguna clase nueva de flujo (fluido que sale de tu vagina), díselo a tu ginecólogo.

Si te duelen los senos o tienes alguna bolita en ellos, pregúntale a tu médico. A menudo, cuando los senos de una niña están creciendo, hay un poco de sensibilidad, pero un médico podrá asegurarse de que todo está bien.

Cuanto más le cuentes a tu médico, mejor y más completo será el examen que te practicará. Cuanto mejor sea tu examen, más saludable estarás y, después de todo, eso es lo que todas queremos como resultado de nuestros exámenes pélvicos.

Escríbelo

Si tienes algunas preguntas, formúlalas durante tu examen. Tal vez desees hacer una lista por escrito, para llevarla contigo al consultorio y no olvidar nada. En ocasiones los médicos no dan demasiada información a no ser que preguntes. Han hecho esto tantas veces antes que no se dan cuenta de que tal vez tú no sepas todo también. Pero recuerda, es tu cuerpo, y tienes todo el derecho de averiguar tanto como quieras sobre él.

Si no te sientes cómoda formulando preguntas o no sientes que tu médico realmente te está escuchando, tal vez quieras cambiar de profesional cuando te hagas tu próximo examen.

Conclusión

Bueno, hemos llegado al final de este libro. Esperamos que hayas disfrutado de las ilustraciones y que haya contestado a muchas de tus preguntas. Hay dos cosas importantes que nos gustaría que recuerdes.

Una es que no hay dos personas que sean iguales.

La otra es que queremos que hagas preguntas y obtengas las respuestas sobre las cosas sobre tu vida que no comprendas.

Después de leer este libro, sabes más sobre la menstruación de lo que sabíamos nosotras cuando teníamos nueve o diez años de edad. Aprendimos mucho sobre la menstruación al escribir el libro, y cuando hablamos con algunas de nuestras amigas (tanto jovencitas como mujeres más grandes) descubrimos que, con frecuencia, ellas tampoco estaban enteradas de algunas de estas cosas. Esperamos que al saber cómo funciona tu cuerpo se faciliten tanto tu crecimiento como tu paso por todos estos cambios.

¡Buena suerte!

Sobre este libro

La primera edición de *Periodo* fue escrita hace muchos años y fue el primer libro sobre este tema dirigido a las niñas disponible en las librerías. Ha vendido cientos de miles de copias y ahora ha sido actualizado y revisado para la siguiente generación de mujeres jóvenes, que todavía tienen las mismas preguntas que su madres tuvieron cuando leyeron este libro.

Sobre las escritoras originales

JoAnn (Gardner-) Loulan ha tenido una práctica privada como psicoterapeuta en el área de la Bahía de San Francisco. Es madre, autora y conferencista. Fue autora de libros, capítulos para antologías y artículos sobre temas de sexualidad y autoestima. Sus conferencias la han llevado por todo Estados Unidos, Canadá y parte de Europa. Su maternidad la ha llevado a todas partes.

Bonnie (Lopez) Worthen trabajó previamente como facilitadora de grupos de sexualidad femenina. Ahora, ella y su esposo pasan la mayor parte de su tiempo viviendo y viajando por Europa y Asia, mientras trabajan en varios proyectos nuevos de escritura. Ella es la madre de dos hijos adultos, un hombre y una mujer.

Marcia Quackenbush, Consejera licenciada en Matrimonio, Familia & Niños, activa en trabajos sobre HIV y SIDA desde 1984. Continúa escribiendo sobre temas de salud, de importancia para la familia.

Indice analítico

Esta es tu página. Utilízala para llevar el registro de tus periodos menstruales. Puedes dejarla en el libro o quitarla.

Para el registro

EN ESTE _____ DIA de _____ (mes) de 20 _____

Yo, _____ (nombre),

que vivo en:

_____

_____

y estudio en _____

descubrí, a las _____ (hora)

y en _____ (lugar)

a los _____ de edad que tenía mi primer periodo.

Mi(s) mejor(es) amiga(s) es/son _____

Las noticias del día _____

Sentí _____

_____

Si utilizas este calendario (o una fotocopia) por varios meses, verás cómo funciona tu ciclo en ti. Sólo marca con una "P" los días de tu menstruación.

ENERO	FEBRERO	MARZO	ABRIL	MAYO	JUNIO
1. ____	1. ____	1. ____	1. ____	1. ____	1. ____
2. ____	2. ____	2. ____	2. ____	2. ____	2. ____
3. ____	3. ____	3. ____	3. ____	3. ____	3. ____
4. ____	4. ____	4. ____	4. ____	4. ____	4. ____
5. ____	5. ____	5. ____	5. ____	5. ____	5. ____
6. ____	6. ____	6. ____	6. ____	6. ____	6. ____
7. ____	7. ____	7. ____	7. ____	7. ____	7. ____
8. ____	8. ____	8. ____	8. ____	8. ____	8. ____
9. ____	9. ____	9. ____	9. ____	9. ____	9. ____
10. ____	10. ____	10. ____	10. ____	10. ____	10. ____
11. ____	11. ____	11. ____	11. ____	11. ____	11. ____
12. ____	12. ____	12. ____	12. ____	12. ____	12. ____
13. ____	13. ____	13. ____	13. ____	13. ____	13. ____
14. ____	14. ____	14. ____	14. ____	14. ____	14. ____
15. ____	15. ____	15. ____	15. ____	15. ____	15. ____
16. ____	16. ____	16. ____	16. ____	16. ____	16. ____
17. ____	17. ____	17. ____	17. ____	17. ____	17. ____
18. ____	18. ____	18. ____	18. ____	18. ____	18. ____
19. ____	19. ____	19. ____	19. ____	19. ____	19. ____
20. ____	20. ____	20. ____	20. ____	20. ____	20. ____
21. ____	21. ____	21. ____	21. ____	21. ____	21. ____
22. ____	22. ____	22. ____	22. ____	22. ____	22. ____
23. ____	23. ____	23. ____	23. ____	23. ____	23. ____
24. ____	24. ____	24. ____	24. ____	24. ____	24. ____
25. ____	25. ____	25. ____	25. ____	25. ____	25. ____
26. ____	26. ____	26. ____	26. ____	26. ____	26. ____
27. ____	27. ____	27. ____	27. ____	27. ____	27. ____
28. ____	28. ____	28. ____	28. ____	28. ____	28. ____
29. ____	29. ____	29. ____	29. ____	29. ____	29. ____
30. ____		30. ____	30. ____	30. ____	30. ____
31. ____		31. ____		31. ____	

Una vez que hayas seguido el ritmo de tus periodos por un tiempo, podrás avanzar a marcar con una "p" los días en tu calendario escolar o familiar, así sabrás cuándo comenzó tu último periodo.

JULIO	AGOSTO	SEPTIEMBRE	OCTUBRE	NOVIEMBRE	DICIEMBRE
1. _____	1. _____	1. _____	1. _____	1. _____	1. _____
2. _____	2. _____	2. _____	2. _____	2. _____	2. _____
3. _____	3. _____	3. _____	3. _____	3. _____	3. _____
4. _____	4. _____	4. _____	4. _____	4. _____	4. _____
5. _____	5. _____	5. _____	5. _____	5. _____	5. _____
6. _____	6. _____	6. _____	6. _____	6. _____	6. _____
7. _____	7. _____	7. _____	7. _____	7. _____	7. _____
8. _____	8. _____	8. _____	8. _____	8. _____	8. _____
9. _____	9. _____	9. _____	9. _____	9. _____	9. _____
10. _____	10. _____	10. _____	10. _____	10. _____	10. _____
11. _____	11. _____	11. _____	11. _____	11. _____	11. _____
12. _____	12. _____	12. _____	12. _____	12. _____	12. _____
13. _____	13. _____	13. _____	13. _____	13. _____	13. _____
14. _____	14. _____	14. _____	14. _____	14. _____	14. _____
15. _____	15. _____	15. _____	15. _____	15. _____	15. _____
16. _____	16. _____	16. _____	16. _____	16. _____	16. _____
17. _____	17. _____	17. _____	17. _____	17. _____	17. _____
18. _____	18. _____	18. _____	18. _____	18. _____	18. _____
19. _____	19. _____	19. _____	19. _____	19. _____	19. _____
20. _____	20. _____	20. _____	20. _____	20. _____	20. _____
21. _____	21. _____	21. _____	21. _____	21. _____	21. _____
22. _____	22. _____	22. _____	22. _____	22. _____	22. _____
23. _____	23. _____	23. _____	23. _____	23. _____	23. _____
24. _____	24. _____	24. _____	24. _____	24. _____	24. _____
25. _____	25. _____	25. _____	25. _____	25. _____	25. _____
26. _____	26. _____	26. _____	26. _____	26. _____	26. _____
27. _____	27. _____	27. _____	27. _____	27. _____	27. _____
28. _____	28. _____	28. _____	28. _____	28. _____	28. _____
29. _____	29. _____	29. _____	29. _____	29. _____	29. _____
30. _____	30. _____	30. _____	30. _____	30. _____	30. _____
31. _____	31. _____		31. _____		31. _____

Periodo.
Guía para padres

Hablando con sus hijos

Hablando de la menstruación con sus hijos

Los temas concernientes a nuestros cuerpos y su desarrollo, embarazo y concepción, menstruación y crecimiento, son una fuente constante de interés y aprendizaje para nuestros hijos. Ellos quieren saber los aspectos detallados del desarrollo corporal: olores, fluidos, "malas palabras", cómo se siente un tampón dentro de la vagina, si la menstruación duele. Se ríen o hacen gestos —"¡Guácala!"— pero les encanta enterarse de las respuestas.

Los niños también aprenden cosas por etapas, a veces a pasos muy pequeños. Recuerdan la información que utilizan con regularidad y se olvidan de las cosas que no parecen tan importantes. Este es el motivo por el cual los padres, que sienten que ya han cubierto meticulosamente ciertos temas, descubren que algunas preguntas surgen una y otra vez. Hablar con sus hijos sobre "crecer" es algo que los padres pueden hacer por sus niños durante todas sus vidas. Nunca se cubrirá todo en una o dos discusiones oportunas. Este es un asunto que podemos incluir en las vidas de nuestros hijos con regularidad.

¿Quién empieza?

Los niños se benefician de escuchar todo sobre el crecimiento de muchos adultos diferentes. Madres, padres, abuelos, tías y tíos, buenos amigos de la familia; todos pueden tener algo que aportar a la comprensión del niño. Cada familia será diferente en el enfoque de cómo compartir esta información.

¿Cuál es la edad adecuada para compartir información?

El mejor momento, obviamente, es ANTES de que comience el primer periodo. La llegada sorpresiva de un sangrado vaginal es atemorizante para quien no está preparada. Los estudios también muestran que la pubertad está comenzando a una edad cada vez más temprana con cada década que pasa. En la actualidad, las niñas generalmente pasan por la pubertad entre los nueve y los dieciséis años de edad; los niños entre los diez y los diecisiete. Se sabe que las niñas afroamericanas la inician un año antes, en promedio. A los ocho o nueve años de edad, por lo general las niñas sienten curiosidad, y probablemente comienzan a hablar entre ellas sobre este tema.

En el momento en el que su hija mencione el tema, también es el momento correcto para hablar del mismo.

Cada niño madura a un ritmo diferente. Observe las demás señales de madurez de su hija como guía para hablar del tema; señales tales como desarrollo de los senos, vello púbico, o flujo vaginal. Lo que puede ser demasiado temprano para una, podría resultar ser demasiado tarde para otra.

Si está divorciada, es útil hacer saber a su excónyuge si los temas ya han surgido y la manera en la cual los ha manejado. Mamá, si su hija de entre diez y catorce años de edad pasará un tiempo con su papá, ya sea durante los fines de semana o el verano, hágale saber a papá que tal vez desee tener algunas provisiones a mano. O aliente a su hija a que conserve algunas cosas allí. Serán de utilidad... eventualmente.

¿Y los varones?

Periodo fue escrito específicamente para niñas en la etapa premenstrual, pero sabemos de padres que le han comprado el libro a sus hijos varones. A menudo, la menstruación queda afuera de su educación y se convierte en un suceso misterioso. Si usted tiene hijos varones, asegúrese de hablarles de la manera en la que cambiarán a medida que crezcan, y hable con ellos sobre los cambios por los que pasan las niñas.

Al principio de Periodo hablamos de la manera en la cual las revistas y las películas hacen que todos se vean bellos y perfectos, como si no tuviesen ningún problema. En ocasiones, las guías para padres hacen exactamente lo mismo, y un padre fácilmente puede sentir que algo anda mal si sus hijos no quieren hablar del crecimiento, aun cuando se sigan las sugerencias en los libros y en los artículos de las revistas. Sabemos lo difíciles que pueden ser estas cosas, y hemos cometido muchos errores con nuestros propios hijos. Pero una de las cosas que también hemos descubierto es que si uno sigue intentando y no tiene expectativas poco realistas respecto a uno mismo o a sus hijos, ambos pueden lograr muchas experiencias satisfactorias.

La voz de los padres

"Le di una copia de Periodo a mi sobrina, Amy, cuando tenía seis años de edad. Ella estaba muy excitada por ello, se sentó en ese momento y en ese lugar a leer el libro. Fue durante una gran reunión familiar —las hermanas mayores de Amy, Lisa y Laura (de siete y ocho años de edad respectivamente) estaban allí. Además estaban los padres de Amy, los abuelos y otra tía y tío, así que éramos un grupo bastante grande.

Bueno, todos nos sentamos en la sala mientras Amy leía el libro en voz alta. Cuando encontraba una palabra que le resultaba difícil pronunciar, o un concepto que no podía comprender, nos preguntaba a alguno de nosotros. Nos habíamos reunido tres generaciones de la familia, todos hablando abiertamente sobre la menstruación y los cólicos, vaginas y tampones, ¡fue maravilloso!

Esto no era algo que hubiésemos hecho antes. No es que seamos la familia liberal original y siempre habláramos de esas cosas. Estoy segura de que los abuelos y padres de Amy se sentían incómodos y un poco apenados de estar hablando de asuntos que para ellos eran tan privados. Pero los niños lo enfocaron con apertura, con verdadera excitación y esto era contagioso. Todos ayudamos a Amy a aprender sobre la menstruación y el crecimiento, y ella nos ayudó a todos nosotros a aprender una nueva manera de estar juntos."

—JoAnn

"Mi esposa y yo nos divorciamos cuando nuestros hijos eran pequeños, y ahora compartimos la custodia. Por lo general, yo veo a mis hijos una noche a la semana y un fin de semana por medio. Honestamente, estoy consciente de que juego el papel del "padre divertido" mientras que mi exesposa tiene que manejar asuntos más cotidianos sobre quehaceres, disciplina y tareas.

El otro día, uno de los hombres con los que trabajo mencionó algo sobre su hija de once años que había comenzado a menstruar y yo me di cuenta de que mi hija Christie ya tiene nueve años de edad. En realidad asumí durante todo este tiempo que su madre hablaría de estos temas del crecimiento con ella, y es muy probable que lo haya hecho. Pero yo no lo sé con toda seguridad, y aunque así sea, en realidad no sé lo que le ha dicho a Christie. Como muchas otras parejas divorciadas, tratamos de manejar las cosas lo mejor posible, pero nuestra comunicación no siempre es buena.

Bueno, pensé, ¿por qué tengo que privar a mi hija de mis sentimientos sobre el crecimiento? Me gustaría que ella escuche algunas de mis experiencias, y realmente quiero escuchar las suyas. Hablé del asunto con mi exesposa y le hice saber que iba a tener algunas conversaciones personales con Christie. Luego le compré a mi hija una copia de Periodo y comenzamos a hablar del libro. En ocasiones, es difícil para mí, pero vale la pena porque tengo esta nueva oportunidad de llegar a conocer mejor a mi hija."

—Michael

"Recuerdo haber utilizado libros y haberle explicado a mi hijo, en algún momento entre los ocho y los diez años de edad, cómo funcionaban los cuerpos (incluyendo a las niñas y la menstruación), para que tuviese la información correcta, no sólo lo que escuchaba de otros niños. Su hermana, tres años menor, escuchó las mismas explicaciones a una edad equivalente. Su hermano mayor entró mientras estábamos leyendo un libro con dibujos. Dudé por unos instantes, pero continué. El se sentó con nosotras y la conversación continuó. Después me di cuenta qué gran regalo me había hecho mi hijo a mí y, es de esperar, a su hermana también. La educación sexual ahora era algo que podían esperar que discutieran niños y niñas en la misma habitación. Verían esta información como algo normal, algo que niños y niños hablan sin risitas o vergüenza."

—Vicki

Por supuesto, las historias como estas tienden a hacer que todo parezca bastante sencillo. Uno siempre oye sobre los éxitos de los demás. Cuando se piensa en hablar de estos temas con nuestros propios hijos, la situación podría parecer bastante diferente a las experiencias de este libro.

"Mi hija Tiffany tiene once años de edad –la misma que yo tenía cuando comencé a menstruar. Sé que ha tenido un poco de educación al respecto en la escuela, así que no será una total sorpresa para ella, pero quiero también hablarle sobre mis propias experiencias.

Nadie ni siquiera habló de la menstruación conmigo y me sentí aterrorizada cuando mis periodos comenzaron. Conociendo a mi familia, estoy segura de que lo mismo le sucedió a mi madre y a mi abuela.

He leído las sugerencias en artículos de revistas que hablan sobre tener algunos libros y cómo simplemente comenzar a hablar a los hijos, y admitir que uno se siente incómoda o apenada. Cuando intenté hacerlo, Tiffani intentó salir de la habitación. 'Regresa aquí, jovencita' la regañé, sabiendo que esta no era la manera en la que supuestamente debía suceder. 'Sólo me pregunto si tienes alguna duda sobre estas cosas —menstruación, los cambios de tu cuerpo—, ya sabes'.

'¡Mamá! ¡Por favor!' exclamó, y se negó a hablar más del tema. Tuve que dejarla que se fuera, y se puso a mirar la televisión por el resto del día. Simplemente no entiendo cómo podré hablar de esto con mi hija."

—Raelyn

¿Y qué puede esperar?

La mayoría de los niños son muy selectivos respecto a lo que les dicen a sus padres. Algunos temas son más fáciles de discutir que otros. Muchos pequeños entre los ocho, diez, y doce años de edad casi no hablan a sus padres sobre nada. A estas edades, los niños pasan mucho tiempo hablando con sus compañeros. Y los adolescentes y preadolescentes siempre sienten vergüenza de todo. No permita que esto la detenga. En todo caso, esa es una buena razón para iniciar estas discusiones antes, y no después. No espere poder mencionarlo todo durante la misma conversación.

Podríamos asumir que porque no nos responden no están escuchando lo que decimos. Esto no necesariamente es cierto. La mayoría de los niños son buenos escuchas, y en ocasiones son hasta escuchas "furtivos" —¡escuchando cosas que preferiríamos que no escuchasen! Pero también tienden a tener un periodo corto de atención, y podrían sentirse incómodos respec*to a la manera de responder a las cosas que decimos.*

¿Y qué puede esperar de sí misma? Espere sentirse rara, espere cometer errores y espere sentirse frustrada. Cuando su "conversación sobre el crecimiento" con su hijo no fluya de la manera agradable y sencilla, en la que avanzaba en el programa de televisión de la semana pasada, no se culpe. Y, lo más importante, espere que se torne más sencillo y mejor con la práctica.

Cómo comenzar

Puede elegir como momentos para hablar con su hijo aquellos en los que están en el automóvil o en un avión, mientras preparan la cena juntos o durante un comercial de la televisión. Podría simplemente decir algo sobre crecer. Comience con un comentario personal. "Ahora ya tienes diez años. Ya sabes, cuando yo tenía diez años de edad comencé a menstruar. No creo que hayamos hablado de tu primera menstruación".

No espere una conversación, y no haga que su hija se sienta incómoda con preguntas. Haga algunos comentarios y luego hable de otra cosa si parece que su niña no está preparada para tener esta discusión.

Y una vez que haya hecho eso, ¿qué sigue? Podría querer material nuevo para una siguiente discusión corta. Si todavía no ha leído este libro. No se limite a dejarlo al alcance de su hija sin saber lo que dice. Tal vez usted tenga diferentes sentimientos y experiencias a las que se plantean en el libro. Sus experiencias son únicas. Compártalas con sus hijas. Y dejar este libro en su recámara *(versus en la mesa de la cocina)* es sólo otro enfoque sensible que tomar. Existen muchas otras posibili*dades:*

- Si usted es mujer, hable de sus propias experiencias al comenzar a menstruar —cuándo comenzó, cómo se sintió, cómo respondió su familia y la clase de cosas que dijeron sus amigas. Hable de las cosas que dijeron sus padres, o de las que no dijeron. Comente otros recuerdos de su niñez y adolescencia que tengan que ver con el crecimiento en general.

- Si usted es hombre, hable de la ocasión en la que se enteró sobre la menstruación y lo que pensaron y sintieron al respecto usted y otros niños de su edad.

- Hable sobre los comerciales de tampones, toallas femeninas, aerosoles de higiene femenina, duchas, etc., que vea en las revistas o en la televisión.

- Describa las películas sobre la menstruación que vio en su escuela. Pregunte a su hija qué es lo que les han mostrado o dicho en clase.

- Hable de los mitos que escuchó sobre la menstruación cuando estaba creciendo. Pregunte a su hija si alguna vez ha escuchado algo parecido y luego corrija los errores: *"No puedes bañarte mientras menstrúas"; "No te puedes embarazar mientras menstrúas"; "No debes ir a nadar mientras menstrúas"; "No hagas ningún ejercicio vigoroso"; "Los cólicos son imaginarios", o "Las mujeres siempre están irritables o nerviosas durante sus periodos".*

Estas conversaciones pueden ser una maravillosa oportunidad para compartir algunas de sus propias vulnerabilidades con su hija. Puede hablar de las dificultades a las que se enfrentó cuando era niña, sobre las veces en las que tuvo miedo o se sintió confundida a causa de los cambios de su cuerpo. Puede hacer ver a su hija que las dos han tenido experiencias similares. Al permitir que nuestros hijos sepan que hemos pasado por esta clase de eventos; que hemos sobrevivido, y que hasta hemos aprendido de ellos, los estamos ayudando a aprender que se trata de un proceso normal y que ellos también sobrevivirán.

Con el tiempo, su hija podrá sentirse más cómoda formulándole preguntas y realmente hablando de estas cosas. Pero no se preocupe demasiado si no lo hace. Ella la está escuchando, y sus esfuerzos continuados le demuestran que estos son temas importantes para usted y que se interesa por ella.

Cree sus propios rituales de pasaje

Los rituales faltan dolorosamente en nuestra cultura. Mientras que no todas las niñas estarán abiertas a hacer una celebración de esta ocasión, vale la pena marcar el momento. Esta es una perfecta oportunidad para crear un recuerdo especial para su hija.

Antes de que la niña tenga su periodo:

- Pídale que piense en una celebración especial con usted, la cual puedan llevar a cabo cuando tenga su primera menstruación. ¿Le gustaría una cena familiar, una fiesta con todas sus amigas, una cena con usted en un lindo restaurante, boletos para una obra?

- Use su décimo cumpleaños (*el cambio a las edades de dos dígitos*) para organizar una salida especial. Podría ser una cena o comida afuera de madre e hija, tal vez un pequeño ramo de flores y una copia de *Periodo* para anunciarle su próximo paso a ser mujer.

- Hagan una visita al hospital local y observen juntas a los bebés recién nacidos, tal vez puedan ir al hospital en el que nació ella. Para las niñas que no han estado cerca de bebés pequeños, esto podría resultar muy excitante. Le ofrece a usted otra oportunidad de hablar de cómo era ella cuando era bebé, las maneras en las que ha cambiado desde entonces, y cómo continuará cambiando a medida que madure y cómo, si no menstruara nada de esto hubiera sucedido. *(Esto es maravilloso para desarrollar la autoestima.)*

- Lleve a cabo la celebración especial que planearon. Tal vez hayan acordado una perforación de lóbulos ese día. Es un código visible, pero secreto, para señalar la ocasión.

- Regálele un ramo de flores.

- Escríbale a su hija una carta que incluya algunos de sus propios recuerdos de cuando estaba creciendo y sus sentimientos ante el hecho de que ella esté creciendo. Esto se convierte en un secreto, algo que ella puede leer en privado, ver una y otra vez en el futuro, guardarlo con sus cosas especiales, si eso desea hacer.

- Escríbale un poema para señalar la ocasión.

- Regálele un libro celebrando a la mujer.

- Organice un té para ella e invite a todas las demás mujeres importantes en su vida.

- Recuérdele que puede completar la hoja "Para el registro", de la página 73.

Otros recursos

Este libro, o cualquier otro sobre el tema que encuentre en su biblioteca o librería, siempre será muy útil. Para empezar, usted puede utilizar los insertos impresos en todos los paquetes de tampones. Estos tienen mucha información.

Los sitios de Internet ofrecen una gran cantidad de información adicional. Las adolescentes disfrutarán de visitar las páginas y usted podría encontrar algunas de su interés.

Un examen pélvico para su hija

Ciertamente no es necesario que una niña se someta a un examen pélvico al tener su periodo, sin embargo, los cólicos o sangrado excesivos, o las menstruaciones esporádicas podrían ser motivos para que se someta a uno. También puede ser una maravilla llevarla a un médico de confianza durante sus años de adolescencia, antes de que sea sexualmente activa o se vaya a trabajar o a la universidad a otra ciudad, así sabrá cómo hacerlo ella sola y adquirirá el hábito de los exámenes regulares por su propia salud y bienestar. Si su hija pasa de los dieciséis años de edad sin haber comenzado a menstruar, es adecuado consultar a un médico.

Es bueno

Cuando hable con sus hijos, comparta con ellos su propio sentimiento de maravilla ante las maneras en las que han crecido y cambiado. Siéntese con ellos y vean juntos las fotografías de cuando eran bebés. Déjelos que se inspiren a través del orgullo que usted siente por ellos, así podrán sentirse bien respecto a sí mismos y a las maneras en las que están creciendo.

A medida que hablen de estas cosas, usted encontrará más sencillo hacerlo. Cuando se sienta insegura o frustrada, o intimidada, piense en cómo actuaría si supiera exactamente lo que está haciendo y se sintiese totalmente segura. Luego actúe como si el anterior fuese justamente el caso. Actuar "como si" es una gran táctica para ayudarnos a superar nuestros obstáculos, y realmente funciona.

Aprenda cuál es el seguro de su hija —y cuándo cubre qué- en la escuela. Aproveche las organizaciones de su colonia y los programas de la escuela sobre el tema del crecimiento. También puede averiguar qué programas se ofrecen en su iglesia, una enfermera de la escuela, las instituciones de Planificación Familiar, o grupos de su comunidad tales como el Club de Niñas, las scouts, etcétera.

Hacer un esfuerzo por lograr la comunicación abierta con sus hijos siempre tiene buenos resultados. En ocasiones no estamos muy seguros de qué hacer o decir. Dejar a nuestros hijos un legado de orgullo y maravilla ante las funciones de sus cuerpos requiere de trabajo de nuestra parte. ¡Qué regalo tan precioso les ofrecemos cuando pueden comprender a sus cuerpos cambiantes y esperan con gusto lo que va a venir!

TO ORDE

or send a check with an additional $4 p/h per copy to:
BOOK PEDDLERS, 15245 Minnetonka Blvd, Minnetonka, MN 55345
(www.bookpeddlers.com)